Titre original : *Pony Camp diaries*
Charlie and Charm
First published in Great Britain in 2008
Text copyright © Kelly McKain, 2008
The right of Kelly McKain to be identified as the author
of this work has been asserted by her in accordance with
the Copyright, Designs and patents Act, 1988.

Stripes Publishing
an imprint of Magi Publications
I The Coda Centre, 189 Munster Road, London SW6 6AW

Cet ouvrage a été réalisé par les Éditions Milan
avec la collaboration de Céline Forgeron et Ingrid Pelletier.
Création graphique et mise en page : Bruno Douin et Graphicat

Pour l'édition française :
© 2009, Éditions Milan, pour la première édition
© 2010, Éditions Milan, pour le texte et l'illustration
de la présente édition
300, rue Léon-Joulin, 31101 Toulouse Cedex 9, France
Loi 49-956 du 16 juillet 1949
sur les publications destinées à la jeunesse.
Dépôt légal : 4ᵉ trimestre 2010
ISBN : 978-2-7459-4749-9
www.editionsmilan.com
Imprimé en Espagne par Novoprint

Kelly McKain

mon poney et moi

Léa et Charme

Traduit de l'anglais
par Karine Suhard-Guié

MILAN
jeunesse

Pour Katie J., que je remercie.

Je remercie tout spécialement le gourou
des poneys, Janet Rising.
Kelly McKain

Ce journal intime appartient à

Léa

Chères cavalières,

Bienvenue aux Écuries du soleil !

Les Écuries du soleil, c'est notre maison, et cette semaine, ce sera aussi la vôtre ! Mon mari Paul et moi avons deux enfants, Émilie et Jérémy, plus quelques chiens… sans oublier tous les poneys. Nous formons une grande famille !

Grâce à nos formidables palefreniers et à notre excellente monitrice, Sandra, vous profiterez au maximum de votre séjour. Si vous avez un souci ou une question, n'hésitez pas à venir nous en parler. Nous sommes à votre service, et nous tenons à ce que vous passiez les vacances les plus agréables possibles – alors ne soyez pas timides !

Votre mission consistera à veiller sur un poney comme si c'était le vôtre. Celui-ci est impatient de faire votre connaissance pour s'amuser avec vous ! Vous prendrez soin de lui, améliorerez votre équitation, apprendrez de nouvelles techniques (nous réservons une surprise aux cavalières les plus expérimentées !) et vous vous ferez des amies.

Nous organiserons aussi une sortie d'une journée à la plage avec les poneys. Imaginez-vous galopant au bord de l'eau… Super, non ? Ajoutez à cela de la natation, des jeux, des films et des *pony-games*, et vous voilà parties pour un moment de détente inoubliable !

Vous pourrez noter dans ce journal intime tous vos souvenirs – et croyez-moi, ils seront nombreux !

Nous vous souhaitons une merveilleuse semaine en notre compagnie !

Judith

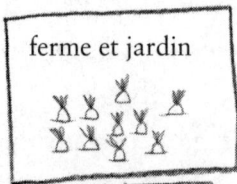

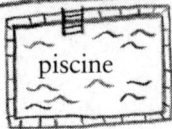

manège

écuries

ferme et jardin

cour

box

piscine

sellerie

parking

bureau
d'accueil

pré

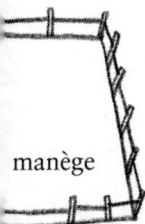

CENTRE ÉQUESTRE

manège

hangar
à fourrage

écuries

silo
à granulés

écuries

grange

VERS
LES PRÉS

Moi sur Charme

Lundi matin

Après le déjeuner

Me voici arrivée au camp d'équitation ! Judith m'a donné ce magnifique journal intime pour que j'y raconte toutes les aventures que je vais vivre cette semaine.

C'est génial ici : il y a plein de poneys partout, deux manèges et une piscine. Et les autres stagiaires sont très gentilles. Je regrette juste que Pomme ne soit pas là pour en profiter. Pomme, c'est ma ponette… enfin, *c'était* ma ponette, jusqu'à ce que papa et maman décident de la vendre parce qu'elle était devenue trop petite pour moi. C'était il y a un mois, vingt-trois jours et, euh, cinq heures. Depuis,

je n'étais plus remontée à cheval – jusqu'à tout
à l'heure. Ça m'a fait bizarre de me retrouver
sur un poney… J'étais triste que ce ne soit pas
Pomme.

Ce matin, alors que les autres filles étaient
surexcitées et se dépêchaient d'aller déposer
leurs grosses valises dans la ferme, moi, j'étais
nerveuse. Je suis donc restée avec maman quand
elle s'est rendue dans le bureau pour m'inscrire.
Je n'aurais pas dû parce qu'elle disait « ma
fille » ceci et « Léa » cela, comme si je n'étais
pas là – ce que je déteste.

Elle a raconté à Sandra, la monitrice, et à
Lydie, l'une des palefrenières, que je n'avais
pas monté depuis que *nous* avions vendu
Pomme.

– Depuis que *papa et toi* avez vendu Pomme,
l'ai-je corrigée.

On ne m'avait pas demandé mon avis. Moi,
je n'aurais jamais abandonné mon adorable
ponette !

Maman a ajouté que j'avais perdu de vue
mes copines d'équitation parce que je ne

voulais même plus retourner au poney-club où Pomme était en pension.

Je commençais à être très vexée et agacée. Sandra a dû le remarquer car elle m'a proposé d'aller défaire mes sacs et de rencontrer le reste du groupe. Lydie m'a accompagnée.

– Ne t'inquiète pas, Léa. Tout va bien se passer, m'a-t-elle assuré en me serrant les épaules.

C'était très gentil de me réconforter, mais ça m'a presque donné envie de pleurer.

Il n'y avait personne dans la chambre. Je me suis aussitôt mise à sortir mes affaires, pour ne plus penser à Pomme. Le lit près de la fenêtre était défait et recouvert de vêtements et de magazines, mais les lits superposés étant libres, j'ai choisi la couchette du haut.

Quelques minutes plus tard, maman est montée me dire au revoir car elle devait aller au travail. Papa et elle sont très pris par leur métier. Hugo, mon grand frère, sera absent lui aussi cette semaine : il est parti faire un stage de canoë-kayak. Il adore descendre les cascades et ce genre de chose. Avant, j'étais comme lui, j'aimais bien être dehors – je passais presque tout mon temps au centre équestre avec Pomme. Mais depuis que mes parents ont vendu ma ponette, je tourne en rond dans ma chambre sans savoir comment m'occuper. Papa et maman m'ont proposé de m'acheter un nouveau poney, mais j'ai tant de peine que je ne veux même pas y penser. Finalement, il y a tout juste deux semaines, maman m'a inscrite à ce camp d'équitation dans l'espoir de me redonner le moral. Et elle n'a pas cessé de me répéter que j'avais beaucoup de chance car il ne restait plus qu'une seule place.

J'ai essayé de lui faire comprendre que je n'avais pas envie de remonter à cheval, mais elle m'a répondu sur le ton autoritaire qu'elle utilise avec ses employés :

– Voyons, ma chérie, ne sois pas stupide. Ça te fera du bien.

Elle ne se rend même pas compte comme le départ de Pomme me rend malheureuse !

C'était plus qu'une simple ponette, c'était ma meilleure amie !

J'ai raccompagné maman en bas et je lui ai fait au revoir de la main. De retour dans la chambre, j'ai trouvé une fille assise sur la couchette inférieure, qui serrait contre elle un lapin très abîmé. Quand elle m'a vue, elle l'a fourré sous son oreiller mais moi, j'ai sorti ma grenouille Frida de ma valise.

La fille a souri et a grimpé sur mon lit, son doudou à la main.

– Tu ne connais personne, toi non plus ? m'a-t-elle demandé.

Quand je lui ai dit que non, elle a paru soulagée – nous serions au moins deux dans ce cas !

Solène a neuf ans, comme moi, et habite assez loin d'ici. Elle a de superbes cheveux longs bruns qu'elle a coiffés en petites tresses, sur lesquelles elle a enfilé des perles. J'adore son haut rose. Elle l'a teint elle-même après y avoir fait des nœuds, pour obtenir de jolis motifs. Quand je rentrerai à la maison, j'essaierai sur deux ou trois tee-shirts.

Émilie, la fille de Judith, est ensuite en-
trée en trombe (le lit en désordre près de la
fenêtre, c'est le sien !). Elle est montée sur
ma couchette, et toutes les trois, nous avons
parlé des choses que nous avons faites en
équitation.

Émilie possède son propre poney. Au cours
de la discussion, j'ai fini par admettre que
j'en avais eu un aussi. Je n'avais pas l'intention de parler de Pomme à qui que ce soit, de
peur d'avoir le cafard, mais c'est sorti tout
seul. Solène comprend ce que je ressens. La
pauvre, sa mère a dû donner son chat parce
que son petit frère est allergique aux poils !
Quant à Émilie, elle a affirmé que la seule
idée de vendre Tropique, *son* poney, lui était
insupportable. Je suis rassurée de constater
que mes camarades ne me prennent pas pour
une enfant gâtée et pleurnicharde, en pensant
que c'est déjà bien d'avoir été propriétaire
d'un poney.

Plus tard, Judith nous a demandé de descendre dans la cour. Les autres stagiaires

s'étaient déjà regroupées autour de Sandra et Lydie. L'une après l'autre, nous nous sommes présentées et avons dit d'où nous venions.

Rihanna et Tania ont douze ans et se connaissent depuis longtemps. Jamila a un an de moins, elle rit tout le temps et a l'air très espiègle. Elle a avoué se faire souvent gronder à l'école parce qu'elle bavarde pendant les cours ! Elles vont dormir toutes les trois dans la même chambre.

Les plus jeunes sont âgées de huit ans. Il y a Yasmine, qui n'est pas de la région, et les deux copines Céline et Maëlyne, qui habitent tout près des Écuries du soleil.

Sandra nous a remis des emplois du temps. Elle nous a prévenues qu'il y aurait parfois des changements. En fait, c'est déjà le cas puisque nous sommes allées voir les écuries au lieu d'assister à une leçon sur les soins à apporter aux poneys.

Voici donc le déroulement « normal » d'une journée :

8 h : se réveiller, s'habiller, prendre son petit déjeuner

8 h 45 : aider dans la cour, ramener les poneys des champs, composer les rations, etc.

9 h 30 : préparer les poneys pour la leçon (les panser rapidement, les seller, etc.)

10 h : leçon d'équitation

11 h : pause – collation

11 h 20 : cours sur les soins aux poneys

12 h 30 : déjeuner et temps libre

13 h 30 : préparer les poneys pour la leçon

14 h : leçon d'équitation

15 h : pause – collation

15 h 20 : cours sur les soins aux poneys

16 h 30 : travail dans la cour (par exemple : nettoyer la sellerie, balayer, préparer les rations du soir, ramener les poneys au pré)

17 h 30 : temps libre avant le dîner

18 h : dîner (et rangement !)

19 h : activité du soir

20 h 30 : douche et chocolat chaud

21 h 30 : extinction des feux et INTERDICTION DE PARLER !

Sandra, la monitrice, nous a fait visiter le centre équestre. En voyant la piscine et la salle de jeux, nous nous sommes toutes exclamées : « Waouh ! » Elle nous a aussi conduites dans la grange, où les poneys qui dorment dehors l'été nous attendaient. Lydie était en train de les seller pour notre leçon. Survoltées, les autres stagiaires se sont extasiées devant les poneys. Elles étaient curieuses de savoir lesquels on allait leur confier.

Comme l'odeur que la grange dégageait était identique à celle de mon ancien poney-club, j'ai cherché Pomme du regard. J'ai sursauté lorsque je me suis rendu compte de ce que j'étais en train de faire. Ma ponette me manquait tellement ! L'exercice d'évacuation est très bien tombé : j'ai été ravie de ressortir de la grange en file indienne afin de rejoindre le point de rassemblement.

Là, Sandra a rappelé les règles de sécurité :

1) Attacher correctement son poney.

2) Ranger tout le matériel et ne rien laisser traîner.

3) Toujours dire à quelqu'un où on va si on quitte le groupe – même si c'est juste pour aller aux toilettes ou pour prendre une autre brosse dans la sellerie.

4) Porter des bottes, une bombe et un gilet de protection adaptés, bien sûr !

Nous nous sommes ensuite entraînées à faire des nœuds coulants à nos longes. Comme Maëlyne s'est embrouillée, j'ai effectué le sien, avant de continuer avec celui de Céline, qui semblait hésitante. Ça ne m'a pas dérangée parce que j'ai attaché Pomme tant de fois que je peux réaliser ce geste les yeux fermés.

Nous avons pris nos bombes, nos gants et nos cravaches, puis nous sommes sorties dans la cour pour rencontrer nos poneys. En vérité, cette perspective me rendait malade.

– Vous aurez chacune votre propre poney pendant toute la semaine. En plus de le monter, vous le nourrirez, le panserez et en prendrez soin, a rappelé Sandra.

Les filles étaient tout sourire ; Rihanna et Tania ont carrément sauté de joie. Moi, j'étais beaucoup moins gaie. Je ne voulais pas m'occuper d'un autre poney que Pomme – même juste pour une semaine.

Pourtant, c'était super de voir Solène si heureuse. Elle a reçu un magnifique poney bai croisé arabe, appelé Marin. Il a une superbe crinière ébouriffée, qui rappelle un peu la sienne ! Ils forment un couple cavalière-poney parfait, comme Pomme et moi. Jamila montera Polisson, un alezan doré à crins blancs. Quand elle a su le prénom de son poney, elle s'est exclamée :

– J'ai l'impression qu'on va bien s'entendre ! En tout cas, c'est ce que diraient ma mère… et mon institutrice !

Cela nous a beaucoup fait rire.

Maëlyne était si surexcitée d'avoir eu Sucre qu'elle n'arrêtait pas de lui faire des câlins. Il lui a fallu un temps fou pour qu'elle se décide enfin à l'enfourcher !

Histoire de m'occuper, j'ai aidé les autres stagiaires à régler leurs étriers. J'espérais aussi que Sandra m'oublierait. Raté! Lorsque je me suis retournée, elle se tenait face à moi avec un Welsh cob noir.

– Léa, je te présente Charme, a-t-elle annoncé, souriante. C'est un adorable poney qui va certainement te remonter le moral. En plus, c'est un excellent sauteur. Tu comprendras plus tard pourquoi c'est important, a-t-elle ajouté en me faisant un clin d'œil.

J'ai fait semblant d'être contente et j'ai pris les rênes qu'elle me tendait. J'ai câliné Charme – juste parce que la monitrice me regardait. Au fond de moi, Pomme me manquait tellement que j'avais envie de pleurer. Mais après avoir respiré à fond plusieurs fois, j'ai réussi à contenir mes larmes. Je ne veux pas que les autres me prennent pour une fille pourrie gâtée.

Voici les couples cavalière-poney :

Tania + Cannelle

Rihanna + Flamme

Moi + Charme

Émilie + Tropique

Céline + Fripon

Yasmine + Prince
Solène + Marin
Maëlyne + Sucre
Jamila + Polisson (les deux font la paire !)

Je n'avais toujours pas envie de monter mais je ne pouvais bien sûr pas l'admettre devant le groupe. Je me suis donc mise en selle. Charme étant beaucoup plus grand que Pomme, et aussi plus mince, j'étais très en hauteur, avec les jambes dans une position inhabituelle. J'avais beau réajuster sans cesse mes étriers, je ne parvenais pas à me sentir à l'aise.

Enfin, les autres stagiaires sont si sympas que je pense que je vais quand même bien m'amuser cette semaine. La preuve : quand Polisson s'est écarté du montoir (le banc qui nous aide à enfourcher nos montures plus facilement) et que Jamila s'est retrouvée avec une jambe en l'air à moitié posée sur la selle, elle était pliée de rire. Tout le monde rigolait – excepté Sandra.

– Ne l'encouragez pas à faire son coquin, nous a-t-elle dit, avant de forcer Polisson à reculer et à se tenir tranquille, tandis que Jamila s'installait sur la selle.

Lors de notre première leçon, nous avons toutes chevauché ensemble pour que Sandra puisse constituer les groupes. Alors que nous menions nos poneys au pas vers le manège, les filles n'ont pas arrêté de s'émerveiller devant Charme. Moi, en revanche, je ne pensais qu'à Pomme. J'ai commencé à me sentir triste mais par chance, Sandra m'a demandé de conduire le groupe. J'ai donc dû me concentrer pour faire franchir le portail à mon poney et le mener sur la piste.

C'était vraiment très bizarre de monter un autre poney que Pomme. Pendant que nous trottions, Charme levait la tête (alors qu'une fois échauffée, Pomme acceptait très bien le mors). J'ai raccourci les rênes pour tenter de corriger sa position, mais sans succès.

– Relâche tes épaules et ramène les coudes en arrière, Léa, m'a conseillé Sandra. Charme ressent tes tensions, c'est pour ça qu'il te résiste.

Ce n'est pas ma faute s'il m'ignore, avais-je envie de lui répondre. Je me suis contentée de regarder droit devant moi et j'ai essayé de me détendre. Puis nous avons effectué quelques transitions du pas et du trot à l'arrêt.

– Je vous ai demandé d'avancer puis de vous *arrêter*, ce qui ne veut pas dire attendre sans rien faire que vos poneys s'essoufflent ! nous a crié la monitrice.

Oh là là ! Bon, au moins, je n'étais pas la seule à me faire gronder.

Nous avons enchaîné avec de nombreux changements de direction et des cercles. Sandra a désigné plusieurs filles pour prendre la tête de la file. Cela m'a bien arrangée car Charme n'avait plus qu'à suivre le poney de devant, sans que je sois obligée de l'embêter avec mes ordres. Mais lorsque ça a été mon tour de réaliser un cercle de 20 mètres au trot, il a fallu que j'éperonne comme une folle juste pour que mon poney quitte la piste. Un peu plus tard, afin de rejoindre au galop la dernière cavalière de la file (cet exercice était facultatif), j'ai dû attendre de passer deux coins du manège pour que Charme adopte la bonne allure. Ce premier contact avec Charme a été un choc – il suffisait que je touche Pomme de ma jambe extérieure pour qu'elle s'élance à toute vitesse.

J'ai déjeuné avec mes deux camarades de chambre. Émilie nous a décrit sa vie quotidienne aux Écuries du soleil. Ça a l'air génial. Quel dommage que je ne vive pas dans un tel endroit ! J'aurais eu toute la place pour garder Pomme ; elle serait alors restée avec moi pour toujours.

Tandis que nous aidions à débarrasser la table, Rihanna et Tania nous ont fait une démonstration d'une chorégraphie sur laquelle elles travaillent. Émilie, Solène et moi avons tenté d'en apprendre quelques pas. Nous n'étions pas très douées, mais ça ne nous a pas empêchées de piquer des fous rires ! Je me suis tant amusée que j'avais l'impression d'être avec mes copines de mon ancien centre équestre. Du coup, celles-ci m'ont soudain manqué.

Ensuite, Sandra est venue nous annoncer la répartition des groupes. Je ne me suis toujours pas remise de ce qu'elle m'a dit :

– Léa, je t'ai mise dans le groupe B à cause de ton expérience. Tu devras quand même rester concentrée et vigilante, sinon je déciderai peut-être de te faire descendre dans le groupe A, où tu pourras davantage établir une relation d'équipe avec Charme.

Je suis restée à la fixer, bouche bée. Je n'arrivais pas à croire que j'avais failli atterrir dans le groupe des débutantes. Il y a encore deux mois, avec Pomme, je faisais partie du groupe des *avancées* ! Là, Charme m'a énervée – c'était plus fort que moi. Il ne m'avait pas écoutée pendant la leçon d'évaluation ; c'est lui qui m'avait fait passer pour une mauvaise cavalière !

Je ne comprends pas pourquoi Sandra continue d'affirmer qu'il est super alors qu'il ne m'obéit même pas correctement. Oh ! Mais j'y pense : et si c'était juste parce qu'il ne m'aime pas ?

Lundi, sur mon lit,
après le dîner

Relax !

Cet après-midi, notre premier cours sur les soins aux poneys était consacré au harnachement. Lydie a choisi Prince, le poney pie de Yasmine, pour nous montrer comment seller nos montures. Moi, bien sûr, je connaissais la technique, mais les plus jeunes ne l'avaient jamais fait toutes seules. Même Jamila ignorait s'il fallait placer la muserolle au-dessus ou au-dessous des joues du poney. La palefrenière nous a expliqué à quoi servent les différents mors et muserolles. Ça m'a intéressée parce que j'ai toujours monté Pomme avec un caveçon (une muserolle rembourrée contenant une pièce métallique qui appuie sur le chanfrein) et un mors à olives. Elle nous a aussi demandé de nommer les parties de la selle qu'elle nous indiquait : le troussequin, le siège, le petit quartier, le pommeau, l'anneau en D, le taquet, l'étrivière, le quartier et l'étrier.

Nous avons essayé de harnacher nos poneys nous-mêmes. Comme Jamila n'était pas sûre que la selle de Polisson soit bien mise, j'ai vérifié avec elle. J'ai également introduit le mors dans la bouche des poneys de Céline et de Maëlyne, qui craignaient de se faire pincer les doigts. J'étais sur le point d'aider Solène à curer les pieds de Marin (pour éviter qu'il ne lui écrase les orteils) lorsque Lydie est venue me parler. Il fallait que je harnache Charme, sinon nous serions en retard pour la leçon. Je l'ai rassurée en lui affirmant que j'étais rapide.

– La question n'est pas là. Je te rappelle qu'il est important de consacrer du temps à ton poney. Tu pourrais en profiter pour le panser…

J'ai mis son équipement à Charme en deux minutes environ. Il ne me semblait pas avoir besoin d'un coup de brosse, alors j'ai tripoté ma botte comme s'il y avait une pierre coincée dessous en attendant les autres.

Après la leçon de cet après-midi, je crois vraiment que j'ai raison : Charme ne m'aime pas ! Il n'a pas lancé de ruades ou quoi que ce soit, mais il n'a même pas *essayé* de faire les exercices correctement. Puisqu'il m'était impossible d'obtenir la moindre impulsion, je devais le talonner sans arrêt pour faire une transition. Malgré tout, il cherchait à baisser la tête et à m'arracher les rênes des mains, comme s'il ne voulait pas que je le chevauche. Sandra m'a de nouveau conseillé de me décontracter mais ça l'a agacée qu'à deux reprises, je ne suive pas ses consignes. J'avais la tête ailleurs, je pensais évidemment à Pomme – nous nous serions tant amusées si elle était venue à ce stage avec moi !

Polisson, lui, a fait le malin. La monitrice a demandé à Jamila de ne plus rire quand il coupait les coins et de se concentrer pour maintenir une pression avec sa jambe intérieure. Au moins, je n'étais pas la seule à avoir des difficultés.

Il y a quand même une bonne – non, une sacrée bonne – nouvelle. À la fin de la leçon, Sandra nous a fait venir au milieu du manège pour nous annoncer qu'elle emmènerait plusieurs d'entre nous sur le parcours de cross ! C'est ça la surprise dont Judith parlait dans sa lettre de bienvenue ! Sandra a ajouté que nous ferions un miniconcours de cross vendredi, en présence de tous les parents !

Cette discipline m'a toujours attirée, surtout depuis que j'ai assisté, avec mon ancien club, à un prestigieux concours complet international (comprenant différentes épreuves). Lors du cross, les chevaux franchissaient de *gigantesques* obstacles juste devant nous ! Une fois, en promenade, j'ai fait sauter Pomme par-dessus un petit rondin et une haie basse, et même ça, c'était génial. J'ai vraiment hâte de faire le cross !

La monitrice s'est adressée à moi, le sourire aux lèvres.

– Léa, maintenant tu comprends pourquoi je t'ai dit que tu avais de la chance d'avoir Charme ? C'est un sauteur exceptionnel, m'a-t-elle expliqué.

Je me suis forcée à lui rendre son sourire. Pourtant, je ne pensais qu'à Pomme qui aurait adoré effectuer ce parcours – malheureusement, nous n'en aurons jamais l'occasion.

Sandra a promis à Solène, qui n'était pas sûre de vouloir tenter l'expérience, qu'elle ne forcerait personne à faire quoi que ce soit cette semaine.

– Si tu préfères rejoindre le groupe A pendant que nous serons sur le parcours, il n'y a pas de problème, lui a-t-elle certifié. Et si moi, j'estime que certaines d'entre vous ne sont pas prêtes à s'attaquer au cross, je leur demanderai de changer de groupe.

Rihanna et Tania ont échangé un regard inquiet car elles ont pris l'avertissement pour elles. Sandra décidera demain, après la leçon du matin. Pourvu qu'elle leur donne son auto-risation ! Ce sera beaucoup plus amusant d'y participer toutes ensemble.

Oh, il faut que j'y aille. Rihanna vient de me dire que la vaisselle est essuyée (nous avons un tableau de service – je serai de corvée mercredi avec Solène). Et Émilie et Solène sont entrées pour se changer parce que nous allons toutes nager !

Lundi Soir

*Pelotonnée dans mon lit avec Frida,
à la lueur de ma lampe torche*

Nous nous sommes bien amusées dans la piscine. En revenant dans la maison, encore toutes mouillées et enveloppées dans nos serviettes, nous avons fait des sauts de géant pour ne pas laisser trop de traces de pieds humides. C'était rigolo ! Ensuite, nous avons pris une douche. Après nous avoir aidées à nous sécher les cheveux, Judith nous a préparé un chocolat chaud dans la cuisine.

Émilie et Solène dormaient déjà mais nous avons discuté à voix basse longtemps après l'extinction des feux. Vu que le cross préoccupait toujours Solène, Émilie a essayé de la rassurer en lui disant qu'elle s'était très bien débrouillée pendant la leçon. Quand j'ai ajouté qu'elle ne devrait pas s'en faire parce qu'elle réussirait sans problème, soudain, tout est allé de travers.

– Pardon de ne pas être aussi sûre de moi, Léa, a-t-elle ronchonné, avant de partir aux toilettes, fâchée.

– Bravo Léa, a murmuré Émilie.

– Qu'est-ce que j'ai dit ? Juste que c'est une très bonne cavalière ! ai-je sifflé.

– Eh bien, ce que tu as insinué, c'est : « Ne sois pas stupide, c'est fastoche », comme si c'était une idiote parce qu'elle s'inquiétait.

Mon estomac s'est retourné et mes joues se sont enflammées. Était-ce vraiment le sens de mes paroles ?

– Ce n'est pas ce que je voulais dire, ai-je répété.

Lorsque Solène est revenue, je me suis excusée de m'être mal exprimée et je lui ai promis que je voulais seulement la rassurer sur ses compétences.

Par chance, elle ne m'en a pas voulu – ouf! Elle hésite peut-être encore à tenter le cross, mais au moins, elle va y réfléchir.

Bonne nuit!

Mardi

*J'écris en vitesse avant qu'on
nous appelle pour déjeuner*

Bon, maintenant, je suis convaincue que
Charme ne m'aime pas.

Pendant la leçon, nous avons travaillé les
techniques dont nous aurons besoin pour le
cross. Charme et moi avons plutôt bien commencé. Mais quand nous nous sommes entraînés à descendre le long côté du manège en
position debout, il a profité de mon manque
de contrôle inhabituel pour quitter la piste.
J'avais beau faire de mon mieux, il ignorait
mes ordres.

Pourtant, la monitrice a une autre version de
ce qui s'est passé. Si seulement elle ne trouvait

pas Charme aussi parfait, elle cesserait peut-être de me rendre responsable de ses bêtises.

– Léa, plus tu t'énerveras, moins Charme coopérera avec toi parce qu'il ressent ta tension. Expire à fond, enfonce-toi dans la selle et relâche tes bras et tes épaules.

J'ai suivi les conseils de Sandra, gênée que tout le monde me regarde.

– Voilà qui est mieux, a-t-elle observé. Maintenant, recommence.

J'ai essayé de rester détendue, mais après la leçon, j'étais toujours vexée.

C'est peut-être la raison pour laquelle une chose affreuse s'est produite lors du cours sur les soins aux poneys. Comme hier soir, je me suis mal exprimée. Cette fois, c'était avec Jamila.

Je n'avais pas l'intention d'en parler dans mon journal intime, mais je n'arrive pas à me sortir cette histoire de la tête.

Rassemblées dans la grange autour de Lydie qui nous enseignait le pansage, nous reproduisions sur nos poneys ce qu'elle faisait à Cannelle. Tandis que nous dessinions des cercles avec nos étrilles en caoutchouc, la pale-frenière a déclaré :

– Un bon travail d'équipe dans le manège ou sur le parcours de cross débute ici même, les filles. C'est le fait de passer du temps avec votre poney, de lui parler, de le panser et de s'occuper de lui qui établit les fondements de votre entente quand vous le chevauchez.

Près de moi, Jamila essuyait les yeux de Polisson en douceur avec les éponges bleues spéciales de son kit de pansage. Elle ne cessait de lui répéter combien il était magnifique et bla bla bla – elle était complètement gaga.

Moi, avec Charme, j'avais juste eu l'impression de brosser machinalement une monture quelconque. Sauf qu'après les explications de Lydie, je me suis soudain sentie déloyale envers Pomme parce que je m'étais occupée d'un autre poney. Puis, je l'ai imaginée en train d'être pansée par Laura, sa nouvelle propriétaire. Ma ponette m'avait-elle déjà oubliée ? Cette pensée m'a fait beaucoup de peine. C'est à ce moment-là que Jamila m'a demandé :

– Léa, je pourrais t'emprunter ton étrille quand tu auras fini ? On dirait que celle de Polisson a disparu...

– Non, tu ne peux pas ! ai-je lâché d'un ton brusque, incapable de me retenir.

Choquée, Jamila m'a fixée, les yeux écarquillés. J'avais honte ; je suis devenue toute rouge. Je n'en reviens toujours pas d'avoir répondu ça !

Comme je ne savais plus quoi faire, je me suis cachée derrière Charme. Le cours terminé, j'ai voulu présenter mes excuses à Jamila mais elle s'est dépêchée de sortir de la grange, bras dessus, bras dessous avec Solène. Et maintenant, elle évite de croiser mon regard.

Oh non ! Ça ne va pas du tout !

Au moins, je peux me raccrocher au cross. Demain, nous irons faire le parcours à pied, avant de nous entraîner sur nos montures. Je suis très impatiente de découvrir la taille des obstacles que nous devrons franchir.

Bon, je file – Judith vient d'annoncer que le déjeuner est prêt.

Toujours mardi

*Je n'arrive pas à croire
ce qui vient de se passer !*

Ma main tremble tant que j'ai du mal à écrire. Sandra ne m'a pas retenue pour participer au cross !

Encore pire : je suis la seule de mon groupe dans ce cas !

Je me sens si ridicule. Pour moi, c'était évident que je le ferais. Au lieu de ça, demain, il faudra que je rejoigne le groupe des débutantes. Je ne comprends pas. Avec Émilie et Jamila, je suis une des cavalières les plus expérimentées ici. Ce ne sont pas quelques obstacles de cross qui vont me faire peur !

Sandra est venue nous communiquer sa décision à la fin du déjeuner. Vu que j'étais persuadée qu'il y avait une erreur, j'ai couru après elle lorsqu'elle est repartie.

– Tu t'es trompée quand tu as dit que je ne participerais pas au cross ? lui ai-je demandé.

– Non, a-t-elle répondu en poursuivant son chemin.

– Mais pourquoi ? l'ai-je interrogée, très surprise.

– Parce que je suis la monitrice, et que j'estime que tu n'es pas prête.

– Et Solène ? Elle a été choisie alors qu'elle n'est pas très entraînée ni sûre d'elle, ai-je continué.

– Toi, tu n'as pas fourni d'efforts, Léa, a soupiré Sandra. Tu n'es pas assez concentrée.

– Mais je suis l'une des meilleures cavalières ici, ai-je objecté.

– Ce n'est pas qu'une question de technique. En équitation, il s'agit aussi de former une équipe avec son poney. Le cross peut être une discipline dangereuse, il faut donc que le couple cavalière-poney s'entende bien.

Oh ! Ce n'est pas juste !

– Mais c'est la faute de Charme! ai-je insisté. Il ne m'écoute pas. On ferait mieux de lui mettre une muserolle combinée ou allemande et un mors plus fort...

Sandra s'est arrêtée et m'a regardée droit dans les yeux. J'ai eu un peu peur... Je me suis rendu compte que j'étais insolente.

– Léa, le problème, ce n'est pas ton poney, a-t-elle dit sèchement. Je connais Charme. Il est très gentil et très bien élevé.

– Mais...

– Léa, m'a interrompue Sandra d'un ton irrité. Le problème, c'est toi.

Stupéfaite, je l'ai regardée s'éloigner vers le bureau. Pourquoi est-ce qu'elle ne comprend pas ? Ne voit-elle pas comment Charme se comporte en vrai ?

Voilà donc pourquoi, depuis tout à l'heure, je me cache dans le silo à granulés où j'essaie de ne pas pleurer.

Si seulement je pouvais rentrer chez moi !

Oh non, Émilie m'appelle. Il vaudrait sans doute mieux que je rejoigne les autres.

Toujours mardi

*Après le travail dans la cour,
dans un petit coin de la sellerie*

Oh là là ! Ça ne s'est pas très bien passé cet après-midi non plus. En fait, on dirait que tout va de plus en plus mal pour moi !

Pendant la leçon, j'étais trop gênée pour regarder Sandra. Et Charme m'agaçait tellement – c'est à cause de lui que je ne participerai pas au cross – que j'étais très tendue et je n'arrivais pas à le maîtriser.

Comme il refusait de prendre le galop, je me suis mise à me basculer d'avant en arrière pour l'y forcer.

– Tu te crispes en atteignant le coin et tu laisses ton poney lever la tête, Léa, a crié Sandra. Il n'est pas « rassemblé », il n'a aucune impulsion. Raccourcis tes rênes, enfonce-toi bien dans la selle, relâche tes bras et maintiens ta jambe contre son flanc plutôt que de lui donner des coups de pied !

Malgré tous mes efforts, Charme refusait toujours de se « rassembler », c'est-à-dire d'adopter l'attitude idéale du cheval qui engage ses postérieurs sous lui et abaisse ses hanches. Moi, je *sais* comment faire – ce n'est pas ma faute si ce poney ne m'écoute pas !

Polisson aussi a fait des siennes. Après avoir coupé plusieurs fois le coin, il a pourtant pris un joli galop. J'étais si occupée à rouspéter contre Charme que je n'ai même pas eu le temps d'applaudir Jamila avec les autres filles. Et la remarque de la monitrice n'a pas arrangé les choses :

– S'il te plaît Léa, ne boude pas. Tu es capable de faire aussi bien si tu le veux vraiment.

Les autres stagiaires ont donc cru que j'avais *refusé* d'applaudir Jamila ! Tous ces regards braqués sur moi m'ont fait rougir – je ne savais plus où me mettre.

Ensuite, lors du cours sur l'alimentation des poneys, nous devions travailler par deux. Les équipes se sont formées : Rihanna et Tania, Émilie et Yasmine, Céline et Maëlyne, Solène et Jamila. Je suis restée toute seule, c'était horrible.

– Rajoute-toi à un groupe, Léa, ce n'est pas grave, a suggéré Lydie.

Mais aucune fille ne m'a souri ni invitée à la rejoindre. J'ai fini par aller avec Émilie et Yasmine, qui n'avait pas l'air spécialement ravie.

Nous devions indiquer dans un tableau la composition des rations de nourriture en fonction des besoins des poneys (selon le travail qu'ils fournissent). Émilie avait beau l'aider, Yasmine semblait à court d'idées. Puis Judith a appelé Émilie pour qu'elle aille faire des exercices de maths. Comme Yasmine restait muette et que nous étions très en retard par rapport aux autres, j'ai finalement rempli la feuille moi-même.

Il vaut mieux que j'y aille maintenant, pour éviter de m'attirer des ennuis (je n'ai dit à personne où j'étais).

Toujours mardi

Il est 23 h 34 mais je ne dors pas encore : je viens juste d'avoir une conversation secrète avec Émilie. Vu que j'étais en larmes, elle est venue s'asseoir sur ma couchette et nous avons discuté pendant des heures. Je suis toute retournée parce que, enfin... Il faut que je reprenne depuis le début.

Ce soir, toutes les neuf, nous avons joué à l'épervier et à la gamelle. C'était très chouette. Mais lorsque Jamila et Tania ont formé des équipes de volley-ball, je me suis retrouvée toute seule car personne ne m'avait choisie.

– Bon, c'est d'accord. Vous pouvez prendre Léa, a dit Jamila.

Alors je me suis mise avec Tania et les trois autres filles.

Sur le moment, j'ai cru que Jamila avait voulu être gentille avec l'équipe adverse. Mais une fois le match terminé, en ressortant de la salle de jeux où j'étais allée remettre les brassards de couleurs, j'ai aperçu Jamila et Solène qui chuchotaient dans le couloir. Je me suis vite cachée derrière la porte.

– Je ne voulais *surtout* pas de Léa dans notre équipe, a déclaré Jamila. Elle est trop gâtée. Dire qu'elle a refusé de me prêter son étrille et de m'applaudir quand j'ai réussi à faire galoper Polisson ! Cet après-midi, Yasmine avait trop peur d'elle pour suggérer des idées de rations pour les poneys. En plus, elle a carrément pris la place de Maëlyne et de Céline quand nous devions harnacher nos montures !

Les critiques de Jamila m'ont fait beaucoup de peine. Les stagiaires ne comprenaient donc pas que je voulais juste *aider* les plus jeunes ?

J'espérais que Solène prendrait ma défense, mais elle a répondu :

— Avec moi aussi elle a été méchante à propos du cross.

Là, j'ai failli bondir vers elle et lui rappeler que je lui avais présenté mes excuses et qu'elle les avait acceptées. Mon cœur cognait si fort contre ma poitrine que j'étais certaine que Jamila et Solène allaient l'entendre.

— Qu'est-ce qu'elle est désagréable ! a renchéri Jamila. Si elle n'a pas envie d'être ici, pourquoi est-elle venue ? Elle est en train de gâcher les vacances de tout le monde !

Jamila et Solène se sont éloignées. Je suis restée clouée sur place, toute tremblante. Ça m'a rendue malade de les entendre parler de moi comme ça.

Mais tout à coup, j'ai vu les choses d'une autre façon.

Et j'ai compris qu'elles avaient raison.

J'ai traîné toute seule dans la salle de jeux pendant un long moment. Puis Judith est venue me dire de regagner ma chambre. Je me suis

dépêchée de me coucher. Solène dormait déjà !
Judith m'a souhaité bonne nuit et a éteint la
lumière, mais je n'ai pas pu m'empêcher de re-
penser à ce que j'avais entendu. Alors j'ai fondu
en larmes : toute la tristesse que j'avais accu-
mulée depuis le début du camp est ressortie.

C'est à ce moment-là qu'Émilie s'est appro-
chée de mon lit.

Entre mes reniflements et mes sanglots, je lui
ai rapporté les paroles de Jamila et de Solène.

Émilie a posé son bras sur mes épaules en
hochant la tête. Elle n'avait pas l'air de me
détester ou quoi que ce soit.

– J'étais si malheureuse d'avoir perdu
Pomme que j'ai été vraiment horrible avec les
autres, ai-je reconnu. Mais je ne l'ai pas fait
exprès – franchement.

– Ne t'inquiète pas. Tout va s'arranger, m'a
répondu ma camarade de chambre pour me
réconforter.

– Mais non ! me suis-je exclamée en pleurant
de plus en plus. C'est ma faute si les autres ne
m'aiment pas. Et Sandra avait raison : je n'ai

même pas laissé sa chance à Charme ! Je ne me suis pas donné la peine d'apprendre à le connaître ni de passer du temps avec lui.

– Avant de changer les choses, il faut d'abord bien cogiter, a déclaré Émilie en me serrant les épaules. En tout cas, c'est ce que dit ma mère. Maintenant que tu vois la réalité en face, tout devrait être plus facile.

C'est incroyable qu'Émilie ait été si sympa avec moi après la manière dont je me suis comportée. Elle est vraiment géniale. J'ai peut-être laissé passer l'occasion de participer au cross mais au moins, maintenant, je vais vraiment pouvoir profiter de ce camp d'équitation. Dès demain, je serai super aimable avec tout le monde et je fournirai d'énormes efforts pour bien chevaucher Charme.

Mercredi, juste avant d'aller dans la cour

J'ai le trac !

Avant d'expliquer pourquoi, je dois raconter comment la journée a débuté.

Aujourd'hui, c'est donc un tout nouveau départ pour moi. Lors du petit déjeuner, j'ai bien écouté Yasmine nous parler de son poney-club – sans l'interrompre une seule fois. Je crois qu'elle a été surprise, mais elle semble avoir envie de me parler maintenant, ce qui est plutôt chouette.

Ensuite, quand il a été l'heure de débarrasser la table et de se brosser les dents, je me suis portée volontaire pour aller donner le tableau de service à Sandra. Je tenais à lui parler seule à seule, même si je craignais beaucoup qu'elle se fâche encore contre moi. En lui remettant le document, je me suis excusée de m'être mal conduite avec Charme et je lui ai promis de faire de mon mieux pendant les leçons.

– C'est bien, Léa, a dit Sandra avec un sourire. Et rappelle-toi que profiter de Charme ne signifie pas laisser tomber Pomme.

Sans m'en apercevoir, j'avais en effet cru que si je m'amusais avec Charme, je trahissais Pomme. Soudain, mes jambes sont devenues molles comme du coton, alors je me suis assise sur le banc dans le bureau. La monitrice s'est installée près de moi et a posé son bras sur mes épaules.

– Pomme sera toujours dans ton cœur et elle fait partie à jamais de tes bons souvenirs. Elle ne voudrait pas que tu arrêtes l'équitation, non ? m'a-t-elle gentiment demandé.

J'ai été incapable de répondre quoi que ce soit – j'avais comme une boule dans la gorge. J'ai juste secoué la tête.

Puis Sandra a dit une chose à laquelle je ne m'attendais pas du tout.

– Je n'ai pas l'habitude de revenir sur mes décisions, mais là, c'est un cas spécial, a-t-elle expliqué. Applique-toi ce matin et j'envisagerai peut-être de te laisser participer au cross.

Ce n'est pas génial, ça ?

Voilà pourquoi j'ai le trac !

Je vais travailler si dur avec Charme qu'avec un peu de chance, Sandra changera effectivement d'avis.

J'ai eu l'occasion de présenter mes excuses à Charme aussi. Alors que nous étions en train de travailler dans la cour, Sandra a remarqué qu'il était couvert de boue et elle m'a demandé de lui donner un bon coup de brosse. J'ai passé beaucoup de temps à nettoyer sa tête et à peigner sa crinière, tout en lui parlant de Pomme, et du fait qu'elle me manquait énormément.

– Je suis désolée de ne pas avoir été copine avec toi avant, ai-je dit à Charme.

Mon poney a frotté son nez contre mon bras et m'a regardée, comme s'il me comprenait. Je lui ai expliqué qu'il nous restait un espoir de faire le cross. Il a paru tout excité. Je suis contente que nous nous soyons rapprochés.

Nous allons bientôt avoir un cours intitulé : « Tout ce qu'il faut savoir sur les poneys » (les marques, les races et la conformation, c'est-à-dire leur aspect). S'il faut travailler par deux, j'espère que quelqu'un voudra se mettre avec moi. Je vais donc être souriante et très gentille, et croiser les doigts !

Mercredi

*Je remplis mon journal en vitesse
avant d'aller déjeuner*

Comme Sandra est partie juste après la leçon parce qu'on la demandait au téléphone, j'ignore si elle va me laisser faire le cross. Charme et moi n'avons pas eu de difficultés particulières, mais étant donné que nous n'avons pas réussi tous les exercices, je ne suis sûre de rien. Pff ! L'attente me rend si nerveuse ! Je sais : je vais décrire la fin de la matinée pour penser à autre chose.

Charme et moi sommes de plus en plus amis. Il commence à m'apprécier (et il adore que je lui ébouriffe la crinière !). Moi aussi je l'aime bien.

Il a de jolis yeux noirs qui donnent l'impression qu'il réfléchit à des choses très importantes.

Mes relations avec les autres stagiaires semblent également s'améliorer. Quand nous étions en train de panser et de harnacher nos montures, j'ai aidé Maëlyne à curer les pieds de Sucre – elle avait l'air de craindre qu'il lui piétine les orteils. Mais plutôt que de réaliser cette opération à sa place, je lui ai montré comment faire : s'appuyer un peu contre son poney et descendre la main le long de sa jambe, jusqu'à ce qu'il soulève son sabot. Ensuite, elle a été très fière d'y arriver toute seule. J'ignore si Jamila nous a vues. Si c'est le cas – ce que j'espère –, elle cessera peut-être de me prendre pour une fille capricieuse. Et il est possible que Rihanna et Tania – qui ont tendance à l'imiter – redeviennent sympas avec moi, au lieu de me faire la tête.

Pendant le cours, il a fallu effectuer le tour des écuries pour relever les différentes marques des poneys et deviner de quelles races ils sont.

Émilie n'était pas là vu qu'elle connaît tout ça par cœur. Dès que Lydie nous a demandé de nous mettre par deux, Jamila a attrapé la main de Solène. Je me suis efforcée de ne pas me sentir vexée et de garder le sourire. J'ai été surprise (et très contente) que Maëlyne veuille se mettre avec moi. Quand ça a été son tour de noter les informations, je lui ai épelé certains mots, mais seulement lorsqu'elle me le demandait.

Puis l'heure de la leçon est arrivée – mon grand test ! Après nous être échauffées au pas et au trot à chaque main, nous avons exécuté un grand nombre de tournants et de cercles pour que nos poneys se concentrent. Nous avons travaillé le galop rassemblé, avec beaucoup d'impulsion, en vue du cross. Charme et moi n'avons pas été parfaits mais ce qui est sûr, c'est que nous formions une vraie équipe. Nous nous sommes entraînés à franchir les trois barrières que Sandra avait installées, en essayant de regarder la suivante dès que nous retouchions le sol.

– Anticipez avec vos yeux et votre cerveau ! ne cessait de crier Sandra au groupe.

C'est sa devise. (Elle nous répète aussi sans arrêt que nous devons bien libérer la tête et l'encolure de nos montures lors du saut d'obstacles.)

Je me suis appliquée à chevaucher Charme, en m'efforçant d'oublier l'enjeu du cross. Après plusieurs dérobades de Polisson, Jamila est parvenue à le faire sauter. Toutes les filles l'ont félicitée, mais c'est moi qui ai dit bravo le plus fort. Quand Jamila m'a souri, ça m'a fait beaucoup de bien. Je me suis dit que les choses allaient peut-être s'arranger après tout. Oh, voici Sandra…

Oui, je peux participer au cross, c'est super ! Sandra a reconnu que j'avais fourni de réels efforts et que j'avais bien progressé, même si je dois encore me perfectionner.

Bon, je dois aller déjeuner maintenant. Mais je veux juste répéter que JE VAIS FAIRE LE CROSS. HOURRA !

Mercredi

―――――

*L'entraînement de cross
était incroyable !*

Je vais le décrire en détail… mais il faut que je reprenne là où je me suis arrêtée, pour ne rien oublier.

Après le déjeuner, au lieu d'assister à un cours, mon groupe est allé reconnaître le parcours de cross avec Sandra (nous l'avons observé de plus près en le faisant à pied). Pour la plupart, nous sommes débutantes dans cette discipline. Heureusement, nous n'avons pas eu à définir notre trajectoire entre les obstacles. À la place, la monitrice nous a montré les meilleures approches. Elle nous a par exemple aidées à aligner les obstacles avec des objets situés au loin, pour que nous soyons sûres de bien nous positionner.

C'était captivant. Pourtant, les obstacles étaient très imposants : nous redoutions qu'ils ne blessent les jambes de nos poneys si nous les accrochions. Sandra nous a expliqué que les obstacles fixes sont en réalité *moins* effrayants pour les poneys parce qu'ils les voient mieux. Ce qui signifie qu'ils ont tendance à évaluer plus correctement leur distance d'appel et réalisent ainsi un plus grand saut (ce que j'ai vite découvert avec Charme !). Par chance, le terrain est à peu près plat, nous n'avons donc pas à nous inquiéter de savoir si nous sommes sur une pente ou une côte – ouf !

Solène aussi a fait le parcours à pied, elle s'est même ensuite entraînée avec nous sur quelques obstacles. Mais elle hésite toujours à participer au concours. Elle prendra sa décision plus tard.

Voici mon schéma du parcours. J'y ai reporté quelques-uns des précieux conseils de Sandra, pour pouvoir m'en souvenir.

NOTRE PARCOURS DE CROSS

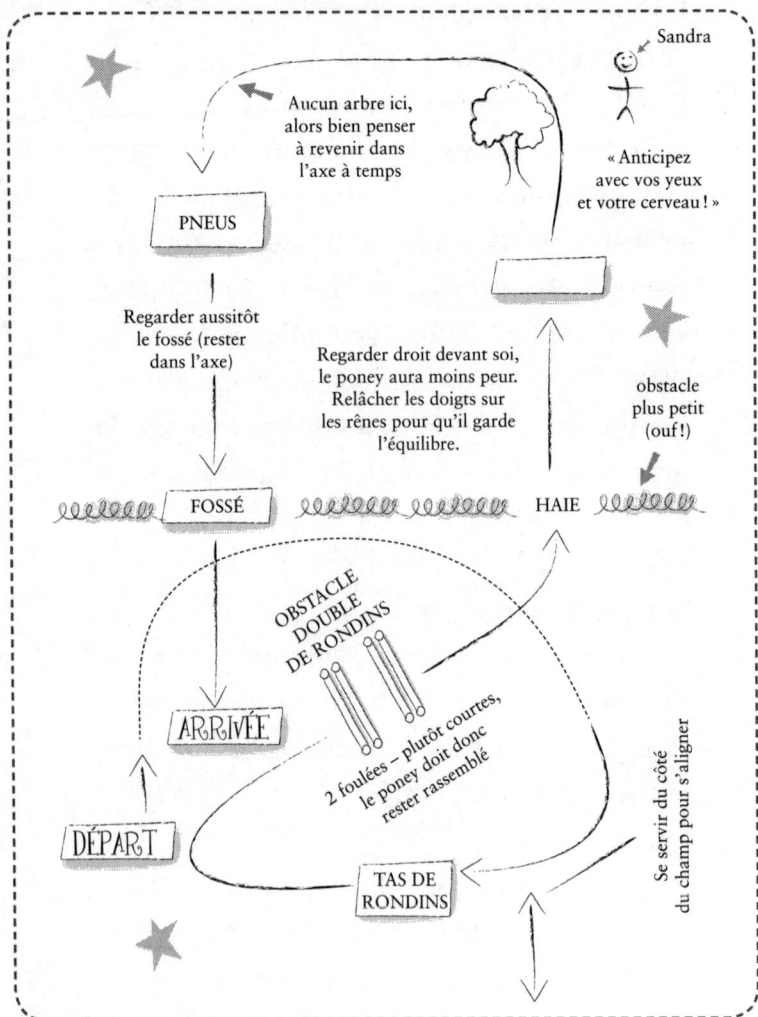

Sandra

Aucun arbre ici, alors bien penser à revenir dans l'axe à temps

« Anticipez avec vos yeux et votre cerveau ! »

PNEUS

Regarder aussitôt le fossé (rester dans l'axe)

Regarder droit devant soi, le poney aura moins peur. Relâcher les doigts sur les rênes pour qu'il garde l'équilibre.

obstacle plus petit (ouf !)

FOSSÉ

HAIE

OBSTACLE DOUBLE DE RONDINS

ARRIVÉE

2 foulées – plutôt courtes, le poney doit donc rester rassemblé

DÉPART

Se servir du côté du champ pour s'aligner

TAS DE RONDINS

De retour dans la cour pour harnacher nos poneys, nous étions surexcitées. J'ai attaché la sous-gorge de Charme et j'ai vérifié la bonne position du tapis sous sa selle, tout en lui décrivant le parcours. Bien sûr, il ne pouvait pas comprendre *exactement* ce que je lui expliquais. En tout cas, il a deviné que nous allions nous amuser ! Il a dressé l'oreille et il s'est mis à se promener dans la grange avant même que je lui passe les rênes au-dessus de la tête !

Nous avons enfourché nos montures dans la cour, puis nous sommes entrées dans le manège pour nous échauffer. Charme avait un trot plus dynamique que d'habitude et il prenait le galop dès que je plaçais mes jambes. J'étais davantage à son écoute, je savais donc à quels moments il avait besoin d'être encouragé. Et puis, comme j'étais beaucoup plus détendue, il avait tout simplement envie de travailler avec moi. J'étais contente que nous nous entendions aussi bien. Je commence à comprendre pourquoi mon poney s'appelle Charme.

Sandra m'a souri en m'adressant un clin d'œil ; elle aussi avait remarqué nos progrès ! Lorsqu'elle nous a conduites vers le champ, j'étais très impatiente.

Pour commencer, nous avons sauté par-dessus le tas de rondins et nous avons dépassé l'obstacle double avant de franchir le simple de nouveau – histoire de nous habituer au saut en plein air. Comme Solène était un peu nerveuse, Marin a perdu confiance et s'est dérobé au premier essai. Quand elle a passé l'obstacle la deuxième fois, nous avons toutes applaudi.

– Vous voyez ? a dit Sandra. C'est facile comme tout de sauter des rondins. Vous ne pouvez pas vous prendre de bûche ! Ha ! ha !

Ensuite, nous avons essayé de franchir le simple *et* le double d'un coup ! Sandra nous a prévenues qu'il fallait que nos poneys restent rassemblés car les foulées doivent être courtes entre les deux éléments de l'obstacle double. Polisson, qui s'était précipité dessus et n'avait fait qu'une foulée au milieu, a été obligé d'effectuer un gigantesque saut pour passer au-dessus du second tas de rondins. Les yeux plissés, nous avons toutes retenu notre souffle, mais la barrière n'a pas bougé – c'était juste ! Suivant les consignes de Sandra, Jamila a demandé à Polisson d'exécuter des cercles pour qu'il ait un galop plus rassemblé avant de ressauter. Cette fois-ci, comme Jamila avait plus de maîtrise, Polisson a réussi l'exercice.

Puis mon tour est venu. Alors que je me concentrais sur les foulées de Charme et que je me demandais à quel moment adopter la position de saut, je me suis penchée en avant trop tôt. J'ai dû m'agripper à la crinière de mon poney pour ne pas faire un vol plané. Sandra m'a recommandé de laisser mon poney effectuer le saut et « d'anticiper avec mes yeux et mon cerveau ». Nous avons toutes souri. J'ai réessayé mais je me suis encore trompée dans les temps du galop.

Peu après, nous sommes allées dans le champ suivant en sautant par-dessus la haie (celle-ci était si moelleuse que nous n'avons pas craint pour les sabots de nos poneys). Charme et moi avons carrément volé au-dessus de cet obstacle que nous avons tous les deux adoré. J'ai félicité mon poney en lui faisant une grande caresse.

L'exercice s'est poursuivi avec le portail et les pneus. Nous nous attaquerons au redoutable fossé vendredi matin – Sandra tient à ce que l'entraînement soit progressif. Même Solène s'est amusée à la fin; elle avait un sourire jusqu'aux oreilles en regagnant la cour. Ça ne m'étonnerait pas qu'elle décide de se lancer, après tout!

Une fois dans la grange, je me suis servi un verre à la fontaine à eau et j'ai enlevé ma bombe qui me donnait si chaud. Puis j'ai dessellé Charme et j'ai passé beaucoup de temps à le cajoler et à le féliciter de son travail. Il semblait très fier de lui. Lorsqu'il a frotté le bout de son nez contre mon bras, j'ai eu l'impression qu'il était fier de moi aussi. Peut-être pas seulement parce que je m'étais bien débrouillée au cross, mais également parce que j'avais été gaie et persévérante?!

J'aurais bien aimé m'entraîner encore sur le parcours demain, mais il est prévu que nous passions la journée à la plage. Ce n'est pas grave, c'est un programme passionnant aussi. Je meurs d'impatience de galoper sur le sable avec Charme. C'est juste dommage que nous n'ayons pas plus de temps pour approfondir les techniques du cross – nous en avons bien besoin !

Nous nous sommes retrouvées dans la cour autour de Sandra. Elle nous a donné des conseils pour corriger nos défauts. Voici ce que j'ai retenu :

Il faut que Jamila contrôle l'allure de Polisson avec ses demi-arrêts (en utilisant le poids de son corps pour reprendre son attention) et revienne au trot s'il galope trop vite.

Rihanna doit emmener Flamme vers l'obstacle avec plus de fermeté pour lui laisser moins de possibilité de le refuser. Sans oublier de lui donner un petit coup de cravache dans les dernières foulées si c'est nécessaire.

Quand Sandra s'est tournée vers Émilie, c'était drôle : comme elle avait deviné le commentaire de la monitrice, Émilie a dit en même temps qu'elle : «Fais en sorte que Tropique reste sur le parcours!» Elle doit forcer son poney à demeurer concentré après chaque obstacle – ce bolide aime trop traverser le champ à l'aveuglette!

Quant à moi, il paraît que je ne crois pas vraiment Charme capable de passer l'obstacle sans le renverser. Je baisse aussi les yeux au lieu de regarder droit devant moi et je me mets en position de saut trop tôt. Sandra appelle ça «Se mettre devant le poney», ce qui, d'après elle, est une mauvaise idée car c'est le meilleur moyen de voler dans le décor! Elle a ajouté que ma priorité doit être de conduire mon poney au lieu de vouloir sauter la barrière à sa place. J'ai ri en m'imaginant en train de tirer Charme par les rênes et de franchir l'obstacle la première! Au total, ça me fait beaucoup de points à revoir, mais je ne suis pas la seule dans ce cas.

Après avoir passé en revue l'ensemble des stagiaires, Sandra a conclu :

– Et je ferai une dernière remarque que vous devez toutes garder à l'esprit…

– Anticipez avec vos yeux et votre cerveau ! avons-nous crié en chœur, avant de piquer un fou rire.

– Quelle sacrée troupe de petites chipies ! s'est exclamée Sandra, amusée. Mais au moins, vous m'écoutez !

Je n'ai pas pu m'empêcher de sourire. C'est super de faire de nouveau partie de la sacrée troupe de petites chipies !

Toujours mercredi

Au lit

J'ai essayé de m'endormir (comme Émilie et Solène), mais je suis excitée comme une puce ! C'est pourquoi je remplis mon journal intime sous ma couverture en m'éclairant avec ma lampe torche.

Tout à l'heure, Solène et moi avons essuyé la vaisselle. Ensuite, nous avons eu une autre soirée jeux... dans la piscine, cette fois-ci ! Qu'est-ce que c'était amusant ! J'ai adoré les courses de relais. Nous devions exécuter différentes nages, puis sauter, courir, dépasser un flotteur et lancer un ballon à un partenaire (enfin, ce genre de chose).

C'est Judith qui a constitué les groupes. Quand elle m'a mise avec Jamila, Maëlyne,

Yasmine et Solène, ma camarade de chambre a crié de joie et Jamila m'a souri. C'était chouette de constater qu'elles étaient heureuses de m'avoir dans leur équipe. Comme nous étions un nombre impair, Jérémy, le frère d'Émilie, a rejoint Rihanna et Tania. Déstabilisées d'avoir un garçon comme coéquipier, celles-ci n'arrêtaient pas de glousser. Tant mieux pour nous : ça nous a permis de remporter les deux premières courses. Hi hi !

Elles ont réussi à égaliser et nous avons fait une manche décisive. Mon équipe a encouragé Maëlyne qui revenait vers la ligne d'arrivée en courant avec le flotteur. Et devinez quoi ? C'est nous qui avons gagné ! D'après Judith, c'est parce que nous avons très bien travaillé en équipe. J'espère que Charme et moi nous ferons autant confiance lors du concours de cross. Si nous y arrivons, nous aurons une chance de le remporter.

Il faut que je range mon journal parce que mes yeux se ferment tout seuls…

Jeudi, après le dîner

La journée à la plage était géniale ! Avant de partir, nous avons eu un cours sur les bandages pour le transport. Lydie nous a fait une démonstration sur Cannelle. Puis nous avons essayé de mettre des guêtres aux jambes de nos poneys et de bander leurs queues – opération très difficile. Nous avons ri quand Lydie a examiné notre travail : elle avait à peine effleuré le bandage de Maëlyne qu'il s'est défait de la queue de Sucre. Le mien n'était pas beaucoup mieux !

Comme le van était trop petit pour que nous puissions emmener tous les poneys, nous en avons pris un pour deux. Sandra est venue avec son propre cheval, Bleu, et elle a permis à Jamila de le monter! Solène et moi avons partagé Charme (par chance, il était de la sortie!); Rihanna et Tania, Flamme; Émilie et Yasmine, Prince, et Céline et Maëlyne ont monté Sucre.

J'ai laissé Solène chevaucher Charme en premier. Elle est restée sur le sable parce qu'il n'avait pas très envie de s'approcher de l'eau. Plus tard, avec l'aide de Sandra, j'ai réussi à le faire aller dans les vagues. Elle m'a conseillé d'avancer dans l'eau comme si de rien n'était. Au début, Charme a paniqué un peu, puis il m'a fait confiance.

Très vite, nous avons fait un jeu super : attendre que les vagues s'approchent de nous, se retourner au dernier moment et prendre la poudre d'escampette. En vacances au bord de la mer, mon frère et moi y jouons tout le temps. Mais à dos de cheval, c'est encore mieux! Charme aussi s'est beaucoup amusé. Ravi, il a secoué la tête lorsqu'une grosse vague est venue se briser contre ses jambes. Il était si mignon que je n'ai pas pu m'empêcher de me pencher pour lui faire un gros câlin.

Émilie et Tania ont galopé sur la plage avec Sandra. Ensuite, la monitrice nous a montré comment obtenir une grande impulsion sans que les poneys s'énervent trop. Maintenant, je crois avoir attrapé le coup pour utiliser mes demi-arrêts. Je parviens à faire avancer Charme en serrant ma jambe de façon à lui donner plus d'énergie au galop – au lieu de le forcer à aller plus vite. En tout cas, il ne se balade plus le nez en l'air !

Sandra a aussi fabriqué des obstacles avec deux morceaux de bois flotté. Vu que Flamme refusait de sauter tout seul, Sandra lui a montré l'exemple avec Bleu, et hop ! les deux chevaux ont volé au-dessus de la barrière. Comme nous voulions toutes imiter la monitrice, nous avons fait l'exercice par deux plein de fois en changeant les couples de cavalières et l'ordre de passage. Moi, j'ai sauté avec Émilie, Tania et Sandra. C'était tellement génial que j'étais sur un petit nuage ! Puis Jamila, Solène et Rihanna ont essayé à leur tour, sous nos encouragements.

Je m'amusais tant que je ne voulais plus rentrer ! Dans le minibus qui nous ramenait aux Écuries du soleil, nous n'avons pas arrêté de chanter et de rigoler tout en nous racontant nos secrets. Jamila nous a avoué par exemple que, dans son village, il y a un garçon qu'elle aime bien. Sandra est venue bavarder avec nous et discrètement, elle m'a demandé comment j'allais.

C'est à ce moment-là que je me suis rendu compte que je n'avais pratiquement pas pensé à Pomme depuis le matin.

– Je vais super bien ! me suis-je exclamée. Je voulais m'entraîner au cross aujourd'hui, mais ça tombe bien que nous soyons allées à la plage. J'ai mis Charme tellement en confiance qu'il a fini par jouer dans les vagues. J'ai aussi appris le galop rassemblé, et Charme a encore mieux franchi le bois flotté que les rondins du parcours !

– En effet, ça tombe vraiment *très bien*, a répété Sandra avec un petit sourire mystérieux. Je n'avais pas prévu ça *du tout*.

En fait, elle voulait dire qu'au contraire, elle avait tout planifié ! C'est une monitrice incroyable, et Charme est un poney fabuleux. Nous formons une vraie équipe maintenant !

Oh, il faut que je file, la soirée DVD (et pop-corn – miam !) va bientôt commencer. Nous allons regarder un célèbre concours complet international, dans l'espoir que ça nous inspire pour le cross de demain !

Vendredi matin

Tout juste réveillée

C'est le jour du cross – hourra!! Mais c'est également nos derniers moments au camp d'équitation – snif!!

Le DVD que nous avons regardé hier soir était vraiment chouette. Les obstacles étaient ÉNORMES ! Nous poussions des « oooh ! », des « ahhhh ! » et des « waaaouh ! » quand les couples cavalière-poney franchissaient les obstacles les plus difficiles comme le *coffin* (une suite tronc-fossé-tronc, qui combine un saut d'obstacle en montant et un en descendant). À la fin de la soirée, nous étions encore plus impatientes de participer au cross.

Solène, Émilie et moi avions prévu d'organiser un goûter de minuit pour notre dernière nuit ici (enfin, je parle pour Solène et moi), mais nous nous sommes endormies sans nous en rendre compte !

Je viens juste de me souvenir que j'ai fait un rêve très bizarre au sujet de Pomme. Mon ancienne ponette et moi galopions le long d'une plage quand soudain, je me suis retrouvée sur Charme tandis que Pomme, elle, se tenait près de Laura, la fille qui l'a achetée. D'une certaine manière, je savais que Pomme était heureuse, alors j'étais contente pour elle. À mon réveil, cette intuition m'est restée.

Bien sûr, Pomme me manquera toujours, mais je suis convaincue qu'elle s'amuse bien avec sa nouvelle propriétaire. Laura étant plus adaptée à sa taille, elles doivent partager des tas d'aventures ensemble.

Je dois m'habiller : ce matin, nous avons une dernière leçon sur le parcours de cross, avant de préparer nos poneys pour le concours !

J'ai hâte d'y être !

Toujours vendredi !

———

J e suis de retour à la maison. Je sors tout juste de la douche et je viens d'enfiler mon pyjama. Maman n'en revenait pas quand j'ai dit que j'avais envie de me coucher tôt ! En réalité, je voulais monter dans ma chambre pour finir mon journal intime. Il ne faut surtout pas que j'oublie le moindre détail de ma fabuleuse journée !

Ce matin, nous nous sommes échauffées dans le manège, puis nous sommes sorties sur le parcours de cross. Sandra m'a demandé de sauter le tas de rondins juste avant Solène pour lui montrer l'exemple – de façon à la mettre en confiance. J'étais si fière qu'elle nous ait choisis, Charme et moi ! Et j'ai bien vu que mon poney aussi était content de lui ! Après notre entraînement sur la plage hier, nous avons tout simplement volé au-dessus des rondins. Solène et Marin nous ont suivis sans problème.

Nous étions beaucoup moins nerveuses et plus sérieuses que lors de notre première venue sur le parcours. La promenade sur la plage nous avait sans doute donné de l'assurance. En plus, il faisait moins chaud aujourd'hui : la chaleur était supportable sous nos gilets de protection, nos manches longues et nos bombes. Nous avons coupé le parcours en deux parties : après avoir travaillé sur les rondins, le double et la haie dans le premier champ, nous nous sommes attaquées au portail, aux pneus et… oui, enfin, au fossé !

L'eau faisait un peu peur : de chaque côté, sur les bords recouverts d'herbe, il y avait de gros buissons qui produisaient d'étranges reflets à la surface. Mais après l'avoir emmené dans les vagues, je savais que Charme ne craindrait pas cet obstacle en apparence effrayant – à condition que j'aie l'air assurée. En fait, je suis restée tellement calme et sûre de moi, et Charme était si concentré après la barrière de pneus, que s'écarter du fossé ne lui a même pas traversé l'esprit ; il l'a directement passé.

En nous voyant, Solène s'est décidée à tenter sa chance, elle aussi. Le résultat était un peu désordonné car Marin a freiné, avant de réaliser un tel saut que Solène a dû se cramponner à lui. Mais au moins, ils ont réussi !

– Maintenant que tu t'es entraînée sur tous les obstacles, tu pourrais participer au concours cet après-midi, a suggéré Sandra. Bien sûr, tu ne dois pas te sentir obligée.

– J'aimerais bien, a déclaré Solène timidement.

Nous l'avons toutes applaudie.

– Mais je vous préviens que je finirai sans doute dernière, a-t-elle ajouté.

Nous nous sommes empressées d'affirmer que nous faisions le cross pour nous amuser – le classement importait peu.

– Vous m'ôtez les mots de la bouche, s'est esclaffée Sandra. Je vous ai enseigné tout ce que vous deviez savoir. Je ferais aussi bien de rentrer chez moi !

– Oh non, ne pars pas ! On a besoin de toi, s'est exclamée Rihanna, qui croyait que Sandra était sérieuse.

Sa réaction nous a fait rire.

Pour le cross, Sandra nous a assuré que nous pourrions bichonner nos poneys comme nous le souhaitions (ce n'était pas une compétition officielle), pourvu qu'ils soient présentables et correctement pansés.

J'ai été très créative : j'ai tressé la crinière de Charme avec des rubans bleus et je lui ai dessiné des cœurs sur la croupe en utilisant un pochoir et de la laque.

Nous avons toutes astiqué notre harnachement avant d'enfiler notre tenue. Moi, j'avais réservé spécialement pour le concours mon jodhpurs crème et mon haut rose à rayures, que j'ai passé par-dessus mon gilet de protection. Ça allait bien avec ma toque rose (le foulard avec lequel j'avais égayé ma bombe) ; chaussée de mes bottes hautes, j'avais l'impression d'être une cavalière de cross professionnelle ! Surtout lorsque Judith nous a remis des numéros à fixer à nos tee-shirts. Comme personne ne voulait avoir le dernier, je me suis dévouée pour prendre le numéro 6.

Tandis que les parents arrivaient, Sandra nous a réunies dans la cour pour nous expliquer le système de notation :

Premier refus : 4 points de pénalité

Deuxième refus : 8 points de pénalité

Troisième refus : élimination

Chute d'une barre : 4 points de pénalité

Chute du poney : élimination

Chute de la cavalière : 8 points de pénalité

Seconde chute de la cavalière : élimination

Quand j'ai vu maman descendre de la voiture, accompagnée de *mon père et d'Hugo*, j'étais folle de joie, car elle m'avait dit qu'elle viendrait seule.

– Hier soir, un petit oiseau nous a téléphoné pour nous dire que tu te débrouillais comme un chef, m'a dit mon père. Alors, j'ai pris ma journée et nous sommes passés chercher Hugo. Nous brûlons d'impatience de te voir à l'œuvre, Léa.

J'ai serré mes parents – et mon frère ! – dans mes bras. C'était génial de voir à quel point ils étaient fiers de moi, avant même que je sois en selle ! Au fait, j'ai découvert plus tard que le petit oiseau, c'était Sandra !

Nous sommes enfin allées enfourcher nos montures avant de nous diriger vers le champ. J'étais assez nerveuse ; Charme l'a ressenti et s'est agité. Je me suis donc enfoncée dans ma selle, j'ai ralenti ma respiration et j'ai relâché mes épaules et mes bras. Je me suis sentie beaucoup mieux et mon poney s'est calmé.

Après l'échauffement et un saut d'entraînement chacune, le concours a commencé. Les familles, le groupe A, Lydie, Judith et Jérémy se sont tous accoudés à la clôture près du fossé pour ne pas perdre une miette du spectacle.

Voici le résultat des courses :

Rihanna et Flamme :

Ça a mal commencé car Flamme a refusé le tas de rondins. Mais Rihanna a repris les choses en main. Finalement, sa ponette et elle ont effectué le reste du parcours sans aucun problème. *4 points de pénalité.*

Jamila et Polisson :

Polisson s'est dérobé devant le portail… deux fois ! Jamila est parvenue à lui faire franchir l'obstacle au troisième coup. Elle n'a donc pas été éliminée mais elle n'arrêtait pas de rigoler, ce qui n'arrangeait pas les choses. Ensuite Polisson a effectué un autre tour car il ne voulait plus sortir du champ ! *12 points de pénalité !!*

Tania et Cannelle :

Ces deux-là ont réalisé un beau parcours… jusqu'à ce que Tania chute au niveau des pneus ! Cannelle s'est arrêtée brusquement puis a fait un grand saut qui a envoyé Tania dans le décor. Nous avons tous retenu notre souffle (comme lorsque nous regardions le DVD du concours complet), mais Tania n'a pas été blessée. Elle est remontée en selle et a terminé le parcours. Quelle étonnante cavalière ! *8 points de pénalité.*

Émilie et Tropique :

Ils ont été éliminés pour être allés dans le mauvais sens !

– Émilie, combien de fois as-tu réalisé ce parcours ? a crié Sandra.

– Je sais bien, mais ce n'est pas moi qui ai décidé de foncer de l'autre côté du champ ! s'est défendue Émilie.

Je ne sais pas si Émilie réussira un jour à gagner un prix avec Tropique le rebelle. Ça ne l'empêche pas de l'adorer malgré tout ! *Éliminés (oups !).*

Solène et Marin :

Ma camarade de chambre a chevauché lentement et de façon régulière, en trottant entre les obstacles. Elle aurait fait un sans-faute si elle n'avait pas renversé le portail qui, de toute façon, était vraiment très fragile ! Solène a été un peu déstabilisée mais nous l'avons encouragée. Les rênes bien en mains, elle a trotté autour de l'arbre avant de se diriger vers les pneus. Marin a volé au-dessus de cet obstacle *et* du fossé. Quand ils se sont arrêtés, Solène affichait un grand sourire. Elle ne cessait de répéter qu'elle n'en revenait pas d'avoir terminé le parcours. Surtout qu'au début de la semaine, elle n'envisageait même pas de participer au cross ! *4 points de pénalité (ce qui est très bien !).*

Et moi ?

Eh bien, j'aimerais pouvoir écrire que j'ai commis zéro faute et que j'ai gagné, sauf que ce serait un énorme mensonge !!

Charme a franchi le tas de rondins avec beaucoup de facilité et nous avons parfaitement abordé le double en ligne droite et en son centre. Ensuite, nous avons tourné un peu tard (c'était ma faute : j'ai été distraite par le fait de ne pas avoir renversé le second élément !). Heureusement, l'obstacle suivant, c'était la haie – nous avons pu la passer en la frôlant. Si ça avait été le portail, nous l'aurions certainement fait tomber. Là, je me suis ressaisie ; j'ai regardé droit devant moi, et Charme a franchi le portail sans que je l'y « aide » (hum !).

Puis nous avons contourné l'arbre en galopant de façon équilibrée, comme sur la plage. Nous étions correctement alignés avec les pneus, mais pour une raison ou une autre, Charme a fait une foulée supplémentaire à la dernière minute et a sauté très loin. Nous nous sommes donc retrouvés mal placés pour aborder le fossé. Résultat : Charme s'est soudain arrêté juste devant.

Les spectateurs rassemblés devant la clôture ont cessé de respirer en me voyant pratiquement passer par-dessus le cou de mon poney. Par chance, j'ai réussi à rester en selle. Il s'en est fallu de peu ! Mon cœur battait à tout rompre. Étant donné que ce matin, nous avions franchi cet obstacle à toute vitesse, je ne m'attendais pas du tout à un refus ! Mais je ne me suis pas découragée et j'ai fait faire un cercle à Charme pour un nouvel essai.

Quand j'y repense maintenant, je sais quelles erreurs j'ai commises lors de ma seconde tentative. J'ai voulu prendre le contrôle des choses et je me suis penchée en avant trop tôt – exactement ce que Sandra m'avait dit de ne *pas* faire ! Ça a déséquilibré Charme, qui s'est encore arrêté devant le fossé. Un refus de plus et nous serions éliminés.

J'ai failli m'énerver mais je me suis maîtrisée. Après tout, Charme et moi formions une équipe, nous n'allions pas abandonner au premier – non, au dernier – obstacle (hi hi !). J'ai revu le moment où nous avions sauté par-dessus le bois flotté sur la plage, et j'ai tenté de ressentir les mêmes sensations. Ce souvenir m'a fait sourire, je me suis détendue, et Charme aussi.

J'ai repris le trot et j'ai effectué un cercle. En tournant devant les pneus, je me suis mise à galoper. J'ai maintenu Charme rassemblé pour que nous ayons beaucoup d'impulsion et qu'il sache qu'il pouvait facilement franchir le fossé. J'ai regardé droit devant moi comme s'il s'agissait d'une barrière quelconque, j'ai talonné mon poney une dernière fois… et l'instant d'après, nous avons atterri un peu plus loin. Nous avions passé le fossé ! Cette fois-ci, j'avais attendu le saut de Charme et mon corps avait suivi le mouvement de façon naturelle. J'avais eu l'impression de ne faire qu'un avec mon poney !

Avec 12 points de pénalité, Jamila et moi étions dernières *ex aequo* – sans compter Émilie !!

Tant pis !

Nous avons cependant toutes reçu des récompenses. Lorsque Sandra m'a donné mon flot, mes parents ont applaudi et crié autant que si j'avais terminé première ! Ça ne m'a pas vraiment dérangée d'être avant-dernière – surtout parce que Jamila m'a prise par le bras en s'écriant :

– Nous sommes presque les dernières *ex aequo* ! Salue, Léa !

En gloussant, nous avons donc salué ensemble les spectateurs, qui nous ont applaudies, amusés.

– C'est incroyable ! J'étais sûre que ce serait toi qui gagnerais ! me suis-je étonnée.

Jamila a écarquillé les yeux.

– Ah bon ? Moi, je pensais que ce serait toi ! a-t-elle déclaré.

Une fois la remise des prix terminée, maman a pris des photos de Rihanna, Tania, Solène, Jamila, Émilie et moi – je les imprimerai bientôt.

Après avoir dessellé nos poneys dans la grange, nous avons bu un verre de jus de fruits et avons assisté aux *pony-games* du groupe A. C'était tellement super que je n'avais pas envie que ça s'arrête. Ensuite, il a été l'heure de descendre nos valises. Nous nous sommes retrouvées à neuf dans la chambre des plus grandes pour échanger nos adresses, ce qui s'est terminé en embrassade générale ! Nous avons tellement fait les fofolles que nous nous sommes toutes écroulées par terre. Et c'est dans cette position, complètement surexcitées, que Sandra nous a découvertes !

Solène lui a montré son flot en disant :

– Je n'arrive toujours pas à y croire !

– Tu y es allée par étapes, c'est tout ce qu'il faut faire ! a répondu Sandra avec un sourire. N'est-ce pas Léa ?

Je me suis rassise, sans bien savoir de quoi la monitrice parlait. Puis j'ai compris : c'est ainsi que je m'y étais prise pour accepter la vente de Pomme.

En effet, j'étais passée par plusieurs étapes : j'étais d'abord retournée dans un centre équestre où je m'étais fait de nouvelles copines. Puis j'avais essayé le cross, et sur la plage, j'avais réalisé un travail d'équipe avec Charme. Enfin, un grand pas (*gigantesque*, même !) avait été franchi lorsque nous nous étions fait confiance pour nous attaquer au fossé.

C'était très dur de dire au revoir aux autres filles. Nous n'en finissions pas de nous serrer dans les bras et de nous prendre en photo, jusqu'à ce que la mère de Rihanna annonce qu'elle devait vraiment partir parce qu'elle avait beaucoup de route. Alors, il a fallu dire adieu aux poneys (snif, snif !!).

J'ai fait des tonnes de câlins à Charme, tout en lui disant qu'il était merveilleux. Une fois de plus, je lui ai présenté mes excuses pour avoir été si grincheuse au début du camp, et je l'ai remercié tout bas environ trente-six fois de m'avoir enseigné tant de choses.

Je n'oublierai jamais Pomme, mais grâce à Charme, je suis maintenant prête à monter les adorables poneys de mon club. Si je reprends les leçons d'équitation, je pourrai flâner dans la cour et ainsi retrouver les cavalières que j'avais perdues de vue. Je participerai peut-être même au concours local de cross – maintenant que j'y ai goûté, je veux continuer ! J'emprunterai Tempête, le poney gris pommelé de mon amie Lucie, ou bien une autre ponette surnommée Kika. Et qui sait, un jour, si j'ai de la chance, je posséderai un autre poney !

Alors merci les Écuries du soleil, et merci Charme !

Dans la série

mon
poney
et
moi

Manon et Polisson
Pauline et Prince
Julie et Fripon
Chloé et Cannelle
Léa et Charme
Camille et Caramel
Charline et Chance
Marine et Bijou
Elsa et Espoir